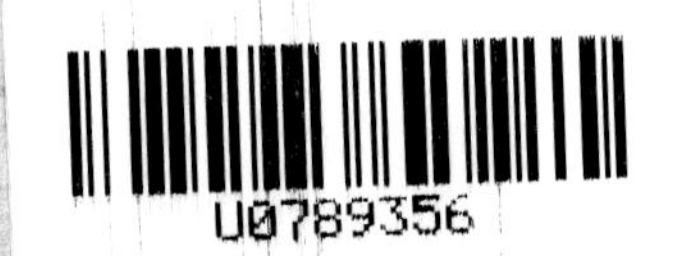

(清)董維祺 修

(清)馮懋柱 纂

重慶市涪陵區地方志辦公室 整理

康熙重慶府涪州志

國家圖書館出版社

圖書在版編目(CIP)數據

康熙重慶府涪州志：一函三册 / (清)董維祺修；(清)馮懋柱纂；重慶市涪陵區地方志辦公室整理.--北京：國家圖書館出版社，2018.3

ISBN 978-7-5013-6320-9

Ⅰ.①康… Ⅱ.①董… ②馮… ③重… Ⅲ.①涪陵區—地方志—清代 Ⅳ.①K297.193

中國版本圖書館 CIP 數據核字(2017)第 299668 號

ISBN 978-7-5013-6320-9

9 787501 363209 >

國家圖書館出版社
官方微信

書　　名　康熙重慶府涪州志(一函三册)
著　　者　(清)董維祺　修　(清)馮懋柱　纂
　　　　　　重慶市涪陵區地方志辦公室　整理
責任編輯　程魯潔

出　　版　國家圖書館出版社(100034　北京市西城區文津街 7 號)
　　　　　　(原書目文獻出版社　北京圖書館出版社)
發　　行　010-66114536　66126153　66151313　66175620
　　　　　　66121706(傳真)　66126156(門市部)
E-mail　nlcpress@nlc. cn(郵購)
Website　www.nlcpress.com→投稿中心
經　　銷　新華書店
印　　裝　杭州富陽正大彩印有限公司
版　　次　2018 年 3 月第 1 版　2018 年 3 月第 1 次印刷

開　　本　16
印　　張　55

書　　號　ISBN 978-7-5013-6320-9
定　　價　1600.00 圓

珍藏瑰寶　限量發行

第　　號

重慶市涪陵區地方志辦公室

前言

涪陵，地處長江、烏江交匯要衝，扼千里烏江之碧波、萬里長江之奔浪，境内上古稱『枳』。公元前二二七年，秦昭王置枳縣，爲境内置縣之始。五六四年，北周王朝於枳地設涪陵鎮，是境内改稱『涪陵』之始。一九九七年，重慶市直轄，涪陵改隸重慶市，設涪陵區。

涪陵歷史悠久、文化厚重，歷來爲州、郡、地區的治所，有水碧山青的自然風光和源遠流長的人文文化，歷朝歷代的涪陵地方志書對涪陵燦爛悠久的文明做了輯録。涪陵的地方志書，可考的始於北周，北周至民國一千多年間所編修的地方志書，散見於史册的有北周的《涪陵地圖記》，唐代的《涪州圖經》，宋代的《涪州新圖經》《涪陵記》《涪州志》《龜陵志》《龜陵新志》等，明清以來涪陵均有官修涪州志書。遺憾的是，清康熙之前所修地方志書，都已散佚。

國務院《地方志工作條例》規定，縣級以上人民政府負責地方志工作的機構負有『搜集、保存地方志文獻和資料，組織整理舊志，推動方志理論研究』的職責。國務院辦公廳《全國地方志事業發展規劃綱要（二〇一五—二〇二〇年）》指出：『開展舊志點校、提要、考録、輯佚等工作』是地方志辦公室的主要工作之一。在涪陵區委、區政府的領導下，爲搶救涪陵方志、保存涪陵歷史，重慶市涪陵區地方志辦公室與國家圖書館出版社合作，整理了現存六種涪陵方志，分别爲：清康熙五十三年（一七一四）刻本《重慶府涪州志》四卷、清乾隆五十年（一七八五）刻本《涪州志》十二卷、清道光二十五年（一八四五）刻本《涪州志》十二卷、清同治九年（一八七〇）刻本《重修涪州志》十六卷首一卷附《典禮備要》八卷、清光緒三十一年（一九〇五）刻本《涪乘啓新》和民國十七年（一九二八）鉛印本《涪陵縣續修涪州志》二十七卷首一卷。這批方志的影印出版，是對涪陵方志進行整理的重要一步，是傳承涪陵歷史文化濃墨重彩的一筆，必將對涪陵經濟社會的發展産生深遠影響。

重慶市涪陵區地方志辦公室

二〇一八年二月

重慶府涪州志序

自姬周分茅列土史漸成於侯國而輶軒問俗事各載於風詩此即志之所由昉也秦置縣郡以後幅幀益擴雖蕞爾彈丸亦各有專紀國史風詩文變而爲志然則郡縣之有志也皆踵詩史之遺意而成之者也豈徒載籍之具文已哉蓋將以往事之薰蕕爲後人之法戒所以正人心維風俗而廣王化於無疆者未

必不基乎此也志顧不重歟
我
國朝聲教四訖梯山航海盡入
版圖遐陬方物悉登汗簡此
車書大一統之盛也然一統
之志必由郡縣之志以集之

若蜀涪郡志又沒於明季之
灰燼余於甲申歲承乏茲土
下車問俗訪其人物山川沿
無所據旣而購一郡志藁本
閱之乃昔郡中鄉先生共成
於前守蕭公嗣進歷今又一

十餘載其間不無亥豕之虞
且稾多塗抹訛舛[illegible]肩兼以
蠹食之餘僅屬殘編斷簡不
輯而梓之終歸於盡矧今
聖天子釐修國史博採風謠
各上憲加意蜀志徧徵郡邑

之書以備採擇而涪志尚爲
繕本不獨吏職之疎抑亦貽
羞于封域也余乃捃摭散帙
叅諸學士大夫典型碩彦相
與正其譌理其緒補其舊蹟
續以新編壽之棗梨庶幾可

垂於不朽以此而歸於全蜀志是一國之書也以此而歸於一統志是又天下之書也寧僅爲一郡之詩史也耶尤冀涪之人士家藏一冊而讀之觀忠臣孝子之行則知所以事君親覩貞人修士之操則知所以礪名節閱人文仕蹟之顯則知所以奮功名下至牧童樵叟皆得播爲歌謠以正閭閻之陋習由此華薄從忠化民成俗寧不爲吏治

光哉異日者歲閱歲而人益
衆人閱人而事愈增補續之
功殆又有望於後之守是邦
者因不揣荒陋述其梗槩而
爲之序

旹

皇清康熙五十三年歲次甲午
秋八月望日涪州知州加五
級千山董維祺守齋氏謹撰

附序

馮懋柱

涪志一書燬於明季正余先君子守涪時事也廻思一炬之餘蒲目盡爲焦土何有於志及國朝定蜀幾同草昧初開郡守下車事皆草創欲訪其風土人物似難問諸水濱矣猶幸郡有劉夏文諸先生俱屬明季遺獻博聞强記堪備顧問於當時共採所見所聞彙成地乘一集雖其詳不可考而大畧已有可觀但集僅抄白歷吳朱蕭孟楊徐六郡侯皆未授梓久之帚絕編殘很籍失序魚魯豕亥莫辨異同至甲申歲千山董使君來守是邦見其典物廢弛遂慨然有振興之志他務未及首建學宮制度輝煌直起涪六十餘年之墜緒誠一郡之大觀也學宮告成爰及於志及徵文考獻而郡老皆無在者于是收集殘編命余共襄厥事余本泉石野人耳兀坐衡廬足久不履城市醯雞甕老何知化日光天别其蠹簡無憑既不能效伏生

之口又奚能載董狐之筆自揣襪線無長未敢堪此大役也既而堅辭不獲乃不得已而就命焉區區之褎祗期上以成 董侯興廢之盛心下以成諸先生未竟之手蹟雖狂瞽貽譏又奚所恤哉其集中紀載凡係諸先生所考定者不敢妄易隻字止取傳寫之訛塗註之誤校而正之殘缺者補之新增者續之並詳勿畧寧野勿史黥驢之技技止此耳是耶非耶惟敬聽諸知我罪我者

舊序

文珂　郡人

涪志編自明之世宗朝薦紳冠山夏公材擅三長不減君實永叔之閎通詳核也家藏戸習傳之奕禩開卷昭然迨甲申一炬與焦土俱燼誰從壁中留漆書乎珂自避亂時曾負笈於鳳山招提幸存蠹簡藏以待文獻之徵取而證之庚子冬草昧初啓署守趙公雅意維新建學事竣旋欲編修郡志進諸老而問之即持此舊編以應乃五日京兆封篚以行而涪志一帙遂隨琴鶴俱去今我

聖上命遍徵稗野且喜舉莊尚存皓首確記謹述舊以備稽考至於敝穢間事皆耳而目之俱爲增輯俾成一郡全帙也

舊序　　　　劉之益　郡人

昔有明曹能始合晉董狐郭景淳爲一統志神宗嘉悅謂可與國史麟經並隆垂也故蜀地甫康而當事諸君子即以志爲首務會城刻有全蜀總志殆亦鄰侯入關先圖籍之意哉但總志秘之郡官而各屬例有紀刻不則無以便分閱達戶曉也涪爲兩江要會左豆岷峨錦水右及夜郎牂牁不必輶軒問俗職方稽風如昔之守是邦者漢有龐壽

諸艮牧唐有姚南列衛守宋之黃魯直程叔子及有明之邵趙廖方四君子迄今千有餘載頌德弗衰而產是邦者若譙達微之以理學著晏亞夫之以畫擅名先大父秋佩公之節義文章史不絕書光爭日月其以維風正俗豈淺鮮哉他如幅幀之繡錯阡陌之腴廷義烈之足爲鄉範宦業之足爲民表以至十四篇獲傳之儔與元龍起鄉輔蟬聯殆炳炳然文物之陳井絡坤維中一大名封也惜

明懷宗甲申後舊版淪於刼熖至我
國朝庚子署州事趙公廷瑄來撫吾涪即訪求舊志猶得一冊益等僅抄録之以遺於後而舊冊又爲趙公攜去幸康熙壬子郡父母朱公麟禎欲爲續修草藁初就會滇兵起又未果兹於述舊志外參以啟禎時見聞確有據者勉裒一日雅懷亦吾涪承前待後之事也夫事之無裨於地者君子不以之褻筆書之無補於時者喆人直以之覆瓿志之爲書匪徒紀山川列方物已也欲人見品誼則浣彼夙夜紙上可飲椒蘭覩姓氏則砥兹氷蘗兒童可識司馬按形勝則知靖此疆圉何以頡川鳳集河陽花滿閲丁糧則如俠圖在眼何以豐日益玉荒日益穀瑣瑣致鏤庶不災及梨棗耳嘗怪它邑事志者不識此如信史若吳兢之拒張說孫盛之書桓温與高允之弗推崔浩遂爲有補儻挾一巳之私妄着雌黃寃失前人面目褒一家顯膺增科

豈莫屢他刻可稽視可經可史之重典為欲壓欲
嘔之輶編則一魏收穢史矣邇者逸霾已靖萬里
河山仍歸一統我
聖天子皎日高懸溥海欣忭旋得洪都邢蕭父母乘運
而至釋奠崇儒禮賢課士人文蔚起百廢俱興又
荷蒙府祖臺孫公表率經理雅意盛典異日者紀
名宦豈無如程如黄其人諸鄉賢豈無如晁如劉
其人者余三五老兒猶欲策杖而觀以志之志夫

昔者志今日更欲即志之志今日者志他日也是
為序

舊志序

夏國孝 戶部員外

涪於兩漢尚曰涪陵縣至唐貞觀間始升爲州葢周末巴蔓子之裔兄弟流入酉辰沅雄構五溪而道由此而西也山脉從滇之木容丘雄蟠際而來至南川金佛綿亘數十里巔嶺雲霧滃濛又東北行二百餘里振拓興衍始畢於蜀黔兩江之滙而涪出焉蜀水色紅如硃黔水色綠如碧兩水滂沛瀠洄紅綠相錯如錦江心有洲適當其滙昔人名曰錦繡以此也其毓英鍾秀斂孕落不羈亦復樸直剛正戞然獨立不屑屑傍寄藩籬文勢勃發代有駿聲淮南所謂山氣斂陽也元季明氏父子據之爲用武門戶之區劉誠意平蜀表云舞旌旆於涪水是已恭承我明太祖洪武辛亥始命湯公和廖公永忠帥師收蜀而涪由是披聾聵日迄今百八十年所山川效靈人文蔚起我叔祖松泉公毅與余在京邸每慨嘆於涪志之未舉以爲闕事今

天子赫然中興制作炳煌如易文廟塑像代以木主奉孔子爲先師而敬一之箴平臺之咏與輿地詩之和章倬彼雲漢展矣乾坤虎變一中天文明之會哉茲郡大夫傾集庠中多士繆以斯志見命叩荆扉者再余不能辭念余昔分部南畿時有邗江之役見維揚一蜀山泉郡中華相矜異因憶宋圖山水形爲要範今桑梓可敬以足暫煩管城子假之以譜吾涪之勝豈必以身隱不文之說而拘拘遜謝耶勉竣厥事爰書於左以告後之知我者

凡例

一涪志屢經兵燹遠則文獻無徵近則真贗莫辨尚多罣漏後有繼者踵事而損益之實所望焉

一徭賦最關民命涪自兵燹居民流移殆盡近稍鴻集田土日闢究非樂郊今將新編賦役通刊入志俾司牧者便覽焉

一名宦鄉賢爲一郡最重因舊編遺失不能盡爲立傳或於名下隱括數語以志其賢蓋事有詳畧不能盡也

一志以揚善亦不隱惡涪之風俗今不如昔故兼今昔美惡直筆書之以便守土者開卷洞然知所因革

一藝文取其有關涪事者收之以存文獻否則文之過於質亦非適中之道故不敢濫錄也

一志書原藁所載者俱仍其舊無敢增損以滋物議惟不足者補之如田賦疆界祀典禮制武科兵制

等類是也其于名宦鄉賢科目節孝等例應續者
悉具載之
一武隆縣志久沒今歸併涪州例無專紀其中有可
紀者俱附載州志

修志姓氏

康熙癸亥年

纂修　郡　人劉之益字四仙

文　珂字奚仲

夏道碩字華仙

編輯　舉　人何訦虞字豸聖

陳命世字杰如

貢　生向牖螭字子亮

康熙甲午年

重修　涪州知州董維祺字爾介號守齋奉天人

編輯　郡　人馮懋柱字喬仙

叅閱　儒學學正羅雲師字慶菴號默仙遵義人

訓導孫于朝字龍光彰明縣人

較訂　舉　人夏景寅字南輝

劉衍均字樹玉

向　璽字對揚

何洪先字大業
張元雋字子千
廖　翊字鳳苞
貢　生陳輔世字德如
何懸先字覲光
分輯吏　目李文煥字堯章江南常熟人
巡　檢沈國璋字公度順天人
生　員彭宗舜字信之武林司人

重慶府涪州志目録

鄉賢
選舉武科附
兵制
卷之三
孝義
節烈
隱逸
流寓

仙釋
祥異
卷之四
藝文

圖攷

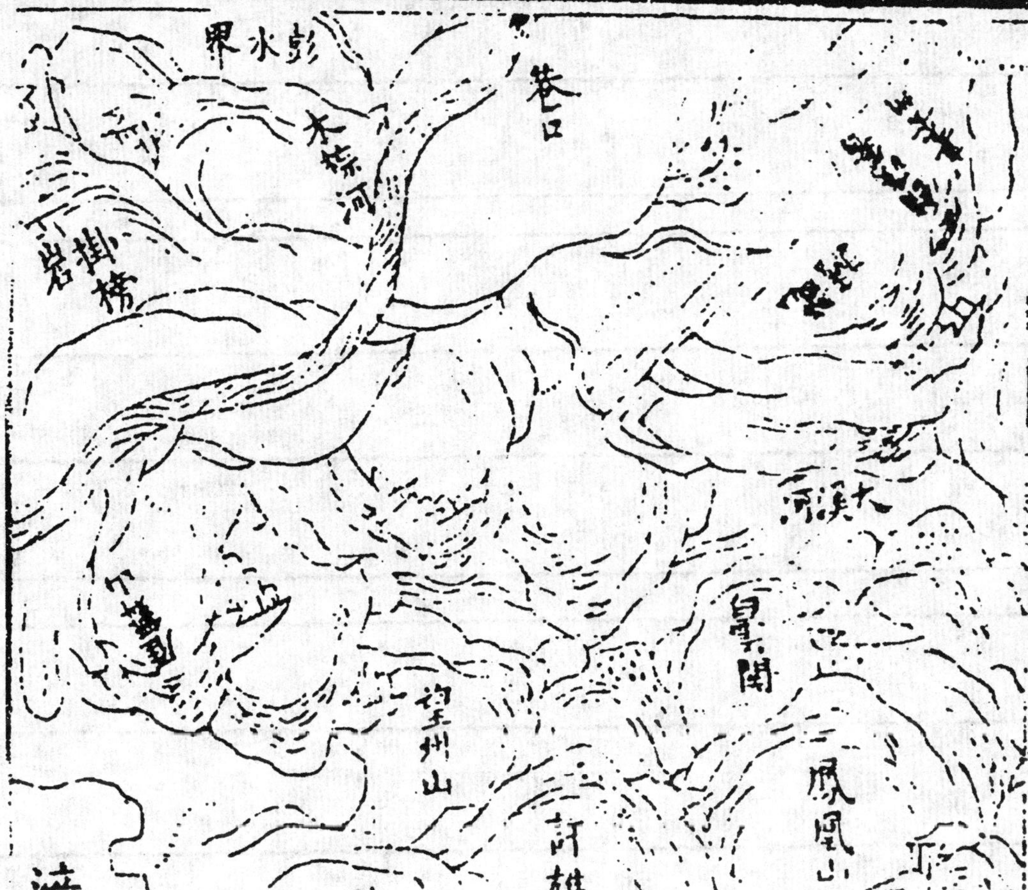

彭水界
木棕河
巷口
掛榜岩
大溪河
涪
望州山
許雄山
孩草山
鳳凰山
五花山
龜龍山
黃草峽抵長壽界

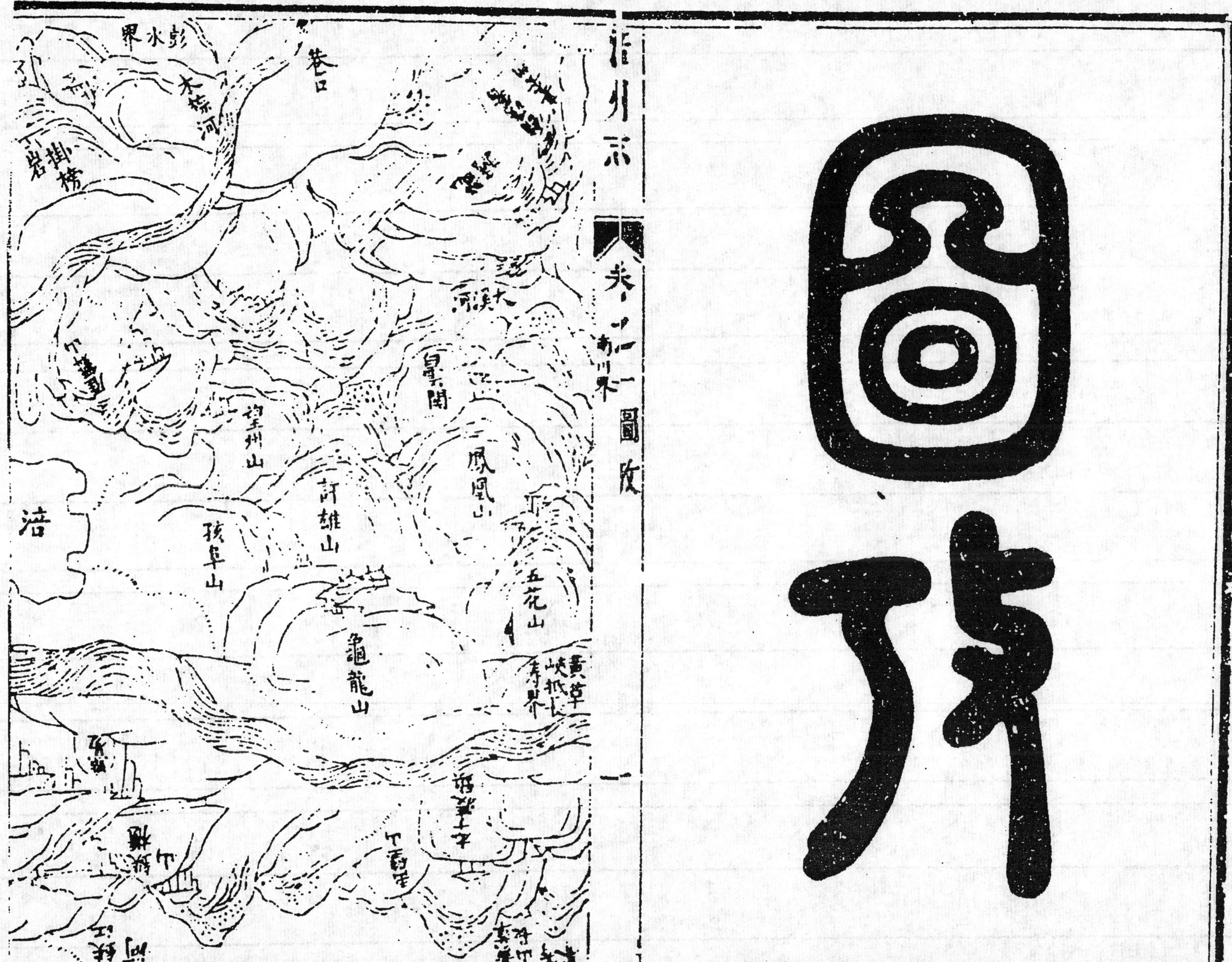

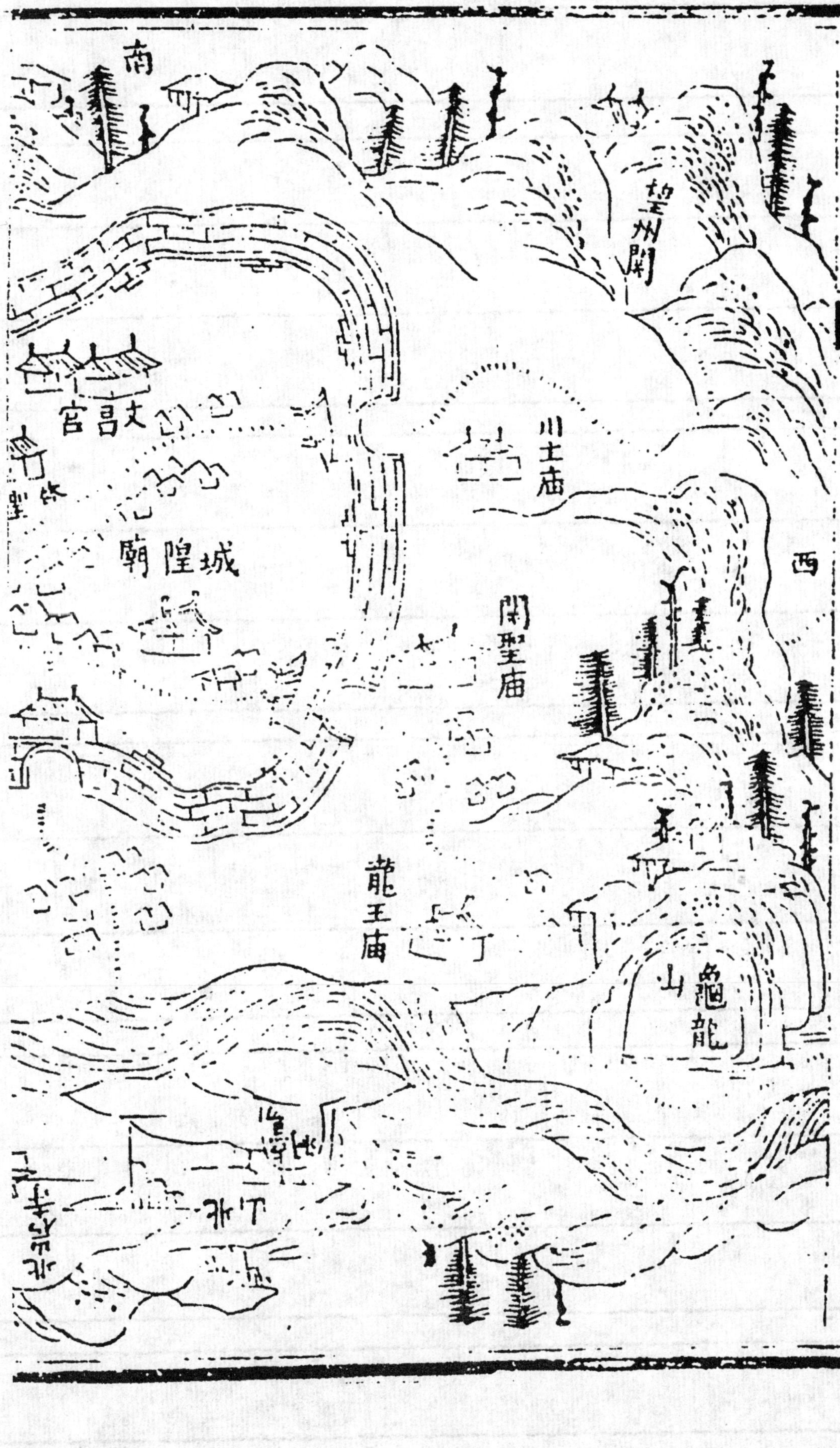
南
望州閣
文昌宮
城隍廟
川主廟
西
關聖廟
龍王廟
龜龍山

南
分水嶺
木根舖
七龍山
獅子岩
牛皮箐
青雲山
東
州

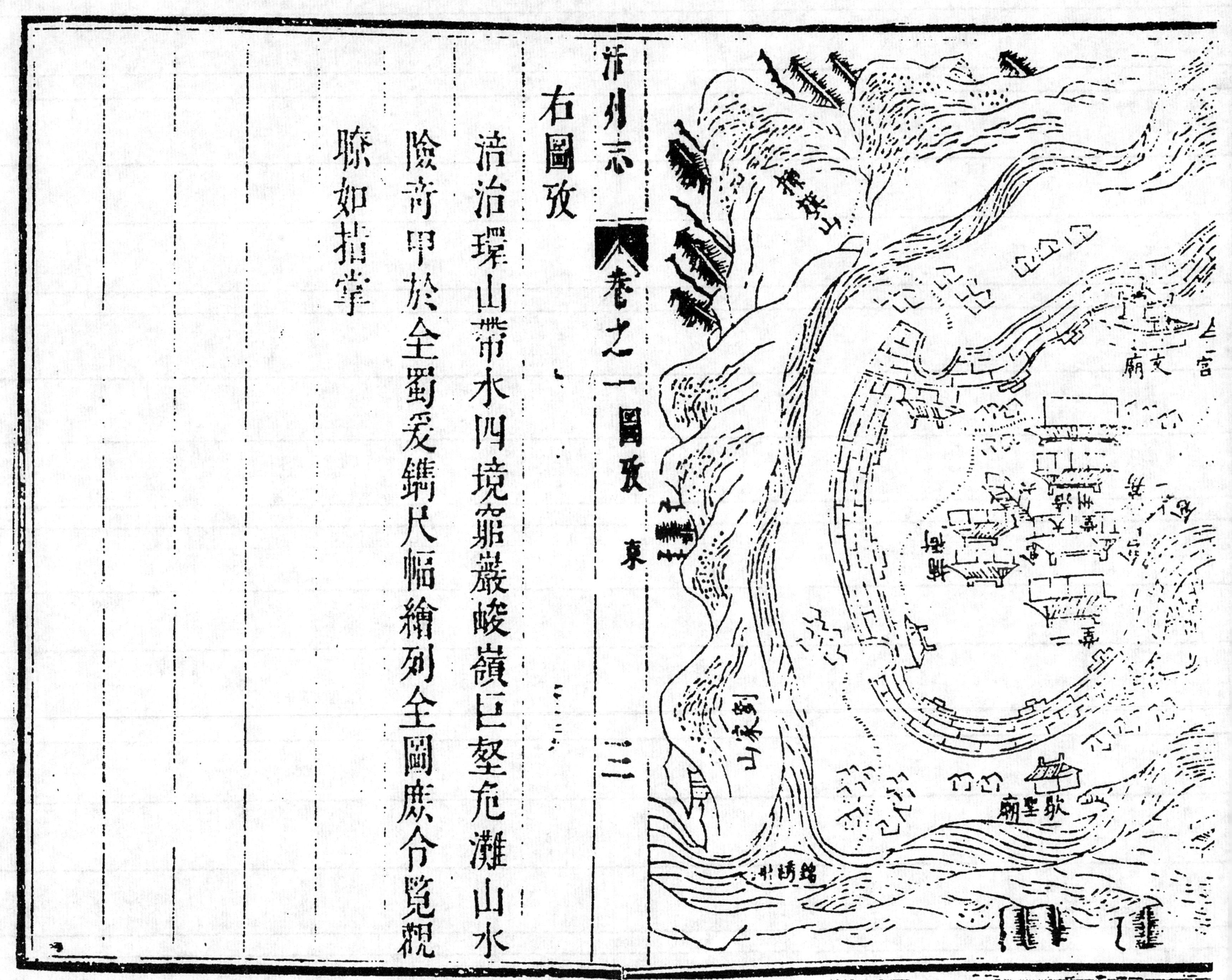

右圖攷

涪治環山帶水四境竆巖峻嶺巨壑危灘山水險奇甲於全蜀爰鐫尺幅繪列全圖庶令覽觀瞭如指掌

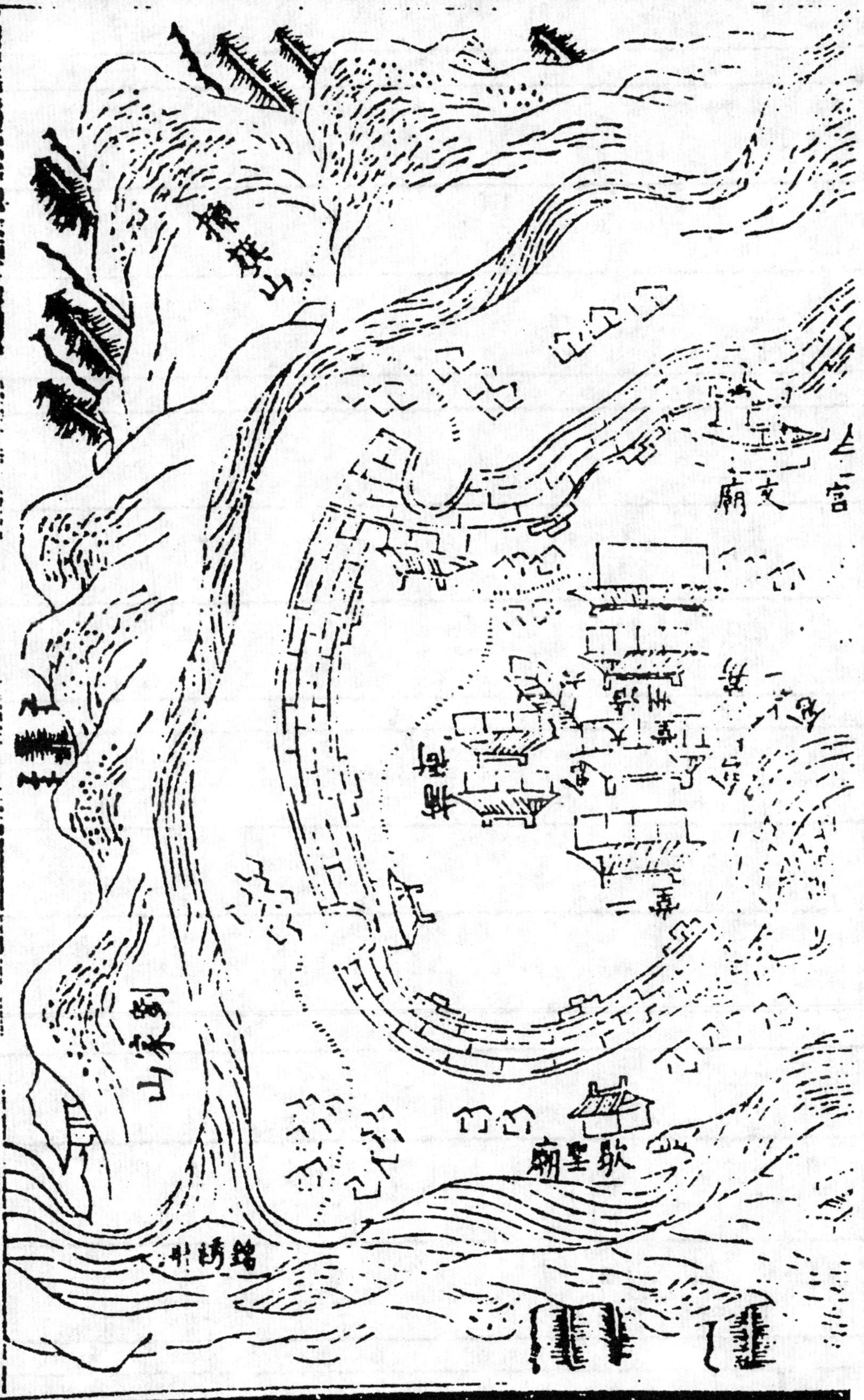

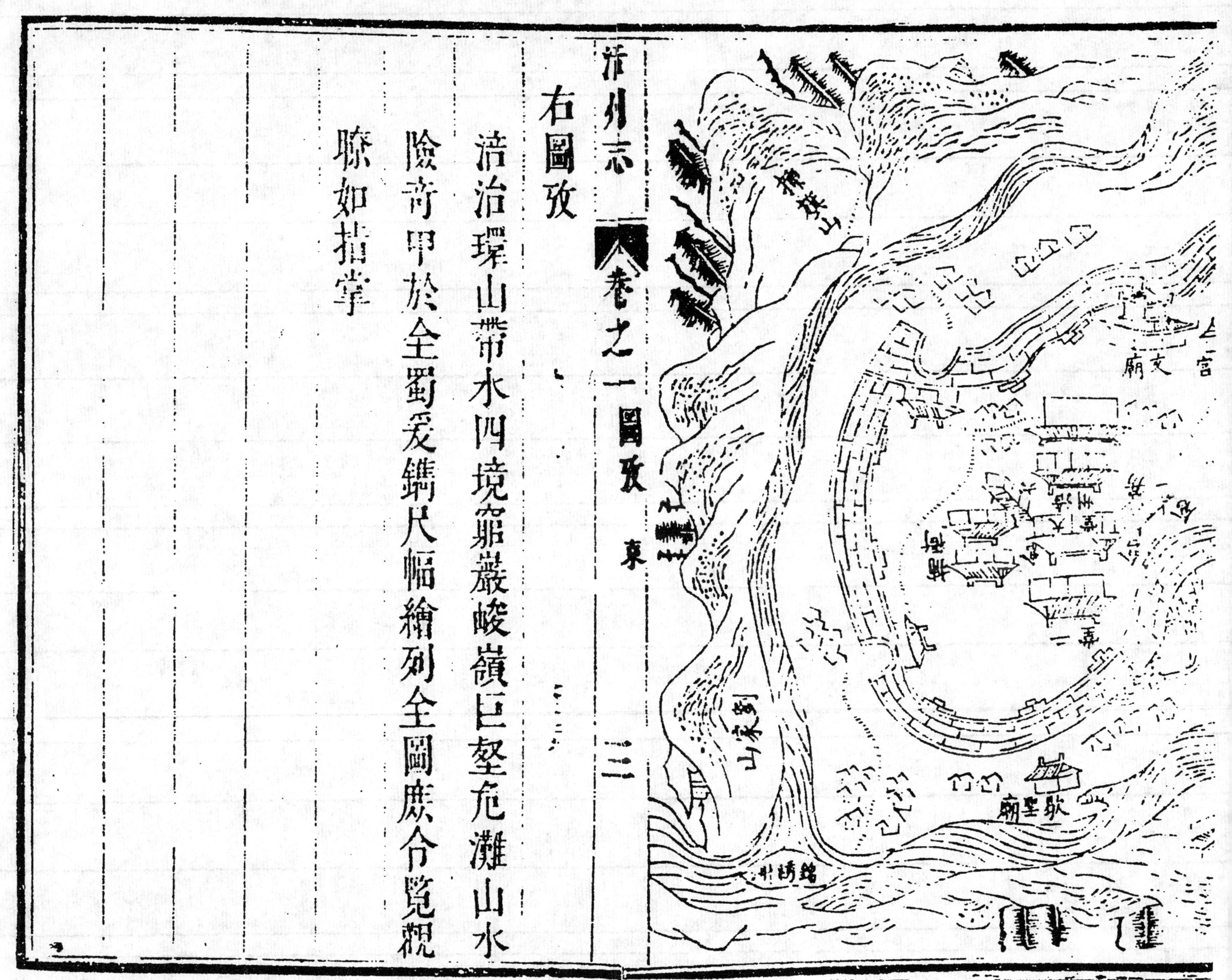

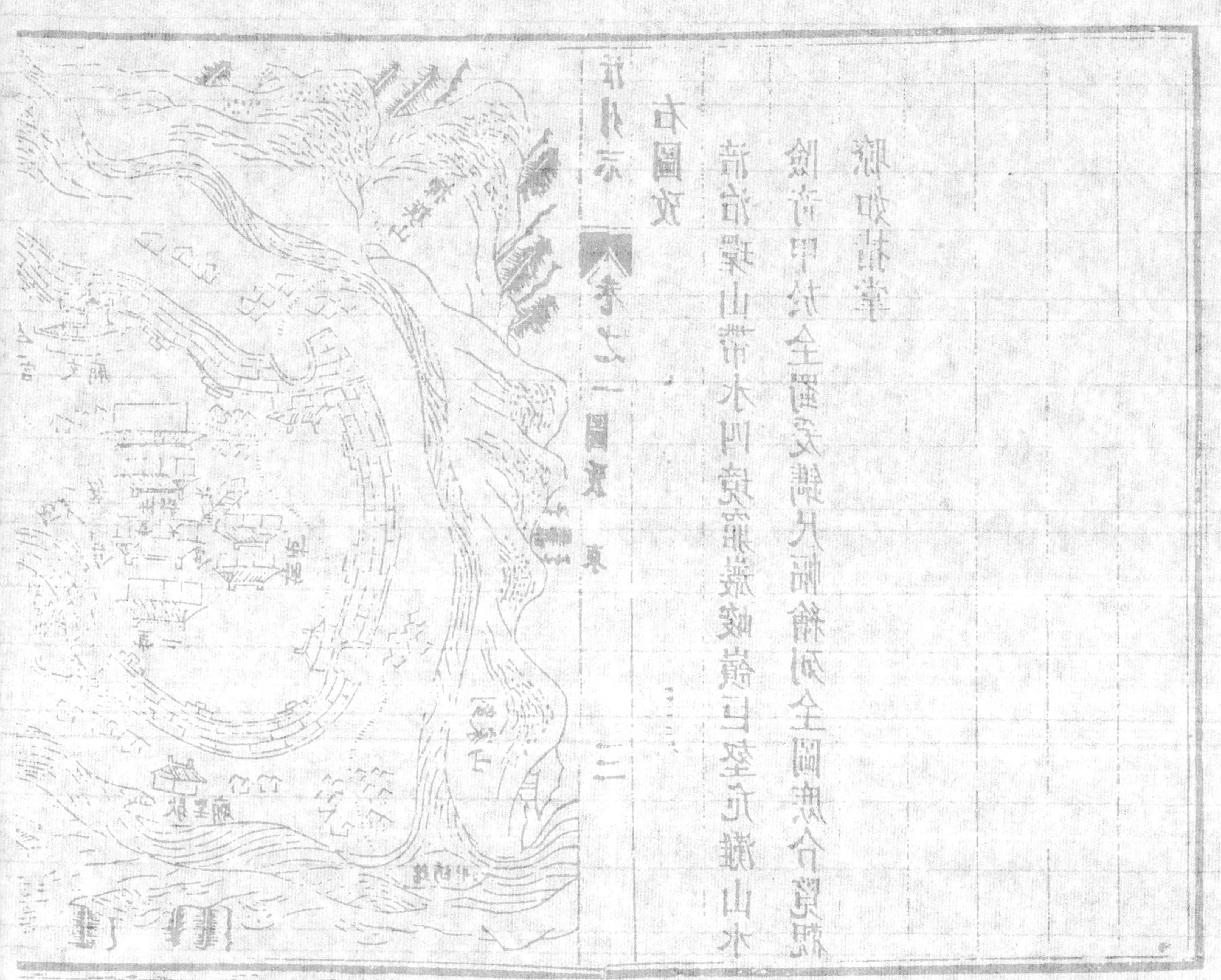

重慶府涪州志卷之一

星野

自軒黄受河圖見日月星辰之象命鬼臾蓲占星始有星官之書歷代史官靡不悉載簡冊不可得而枚舉也按象而求之其爲祥爲妖爲吉凶水旱豐荒歷歷不爽則分星辨野斷非無稽之說耳作星野志

巴蜀分井鬼參又云觜觿參主益州 出漢書

益梓利夔四路分井鬼又東井輿鬼鶉首也盡巳蜀漢中地 出宋書

天文次舍井鬼之次入參三度

建置沿革

唐因山川形便分十五道宋分州軍增至二十六路境域代剖屬隷各別明置南北畿布政司十三而蜀則天府之國也涪陵形勝甲於他州

國朝治化翔洽士紳奮勵固巳爭雄諸劇邑矣其城池署宇例得並記以待攷覽云耳作建置沿革志

禹貢梁州之域周爲巴子屬國秦屬巴郡漢爲涪陵屬江州又曰駱蜀後州徙治漢平縣唐置涪州宋以溫山縣省入後移治三台山元復舊治尋併涪陵溫樂二縣明因之仍曰涪州屬重慶府

國朝因之原屬縣二 彭水 武隆

城池

明宣德年州守邵賢創制成化初乃砌石作城高一丈八尺周圍四里門有五東曰迎恩南曰懷德西曰鎮武北曰潮宗東北曰永安城東北角其形如鼓名曰鼓兒城臨江邊舊謂五溪第一洞是其

處也

公署

州治在城中大堂五楹額曰絜矩堂後堂三楹額
曰執虛如盈儀門三楹牌樓一座額曰學道愛人
鼓樓三楹康熙貳拾貳年知州蕭星拱修建左爲
吏目衙舍三楹土地祠三楹右爲迎賓館三楹
常平倉三間知州蕭星拱修建
分守上下川東道署一所在治西今已傾圮

演武廳治西孩阜山今燬
養濟院今廢

郵傳

涪陵水驛治西立站應差
東青驛治東北六十里今裁
藺市驛治西六十里今裁

祠廟

社稷壇治西五里

風雲雷雨山川壇治東一里
郡厲壇治西一里
城隍廟治西
文昌宮治南
四賢祠治南
關帝廟治西
崇興寺治西
天慶宮治東

天子殿治西十里
土主廟治北七十里
蕭公廟治西李渡鎮
龍王廟治西
白衣庵治東
歆聖廟治北即張桓侯廟
石龍寺治北
琴臺寺治西三十里

村鎮

明一十三里　白石　黑石　通濟　羅回

李渡　石龍　韓市　長灘　在郭　羅雲

芋池　謝石　藺市・

國朝定甲編戶三里　白石里　長灘里　羅雲里

塘鋪

凉水鋪治東二十里

蘇溪鋪治東四十里

燈盞鋪治南七十里

南沱鎮治東六十里

北背鎮治東六十里

冷水關州南一百里

謝石壩治西五十里

武隆縣附

漢置涪陵地唐併入涪州宋復置元隸夔州路明改隸涪州屬重慶府編戶二里

國朝定啚編戶四甲康熙七年歸併涪州改爲武林

司縣署改爲廵檢衙舍

塘鋪

木根鋪縣北二十里

蹋天鋪縣東十里

白果鋪縣東三十里

火爐鋪縣東五十里

形勝

書載禹封山濬川弼成五服而九州之土以分益州雄據江漢上游爲西南之阨隘而涪枕兩江帶五溪其間繡壤相錯巉崎險阻類非彈丸之區比也作形勝志

東距酆陵西抵樂温南連金佛北接墊江會川蜀之衆滙控瞿塘之上流

東西廣一百五十里

南北袤二百里

疆界附

東玖拾里至三華山抵酆都縣界

南壹百里至冷水關抵南川縣界

東南捌拾里至牛皮箐分水嶺抵武林司界

西南壹百五十里至鐵毛寺抵巴縣界

西陸拾里至黃草山抵長壽縣界

北壹百里至沙河徐家渡抵墊江縣界

西達府治四百五十里達四川省一千六百里達
京師八千一百五十里
武隆縣附康熙柒年歸併州治設武林司
東壹百三十里至木棕河抵彭水縣界
東北玖十里至魚鱗箐分水嶺抵酆都縣界
西北捌十里至牛皮箐分水嶺抵涪州界
南柒十里至蒲溪鎮抵真安州界
西南壹百五十里至高坎抵南川縣界
武隆距州南壹百七十里

山川

山川光平嶽瀆詩書所載於以會陰陽和風雨焉
止辨物知方已耶涪陵爲西南名郡靈秀所鍾人
文華出蓋風氣開先之說信不誣也作山川志

北巖山州大江之北宋程伊川夫子註易處

白巖山州小江之南昔王真人修煉于此巖如壁
立上有二洞人跡罕到

合掌山治西北五十里二山對合如掌下有毛家

泉一日三潮禱雨輒應

龜龍山治西十里上有天子殿土人名曰賽酆都

鐵櫃山治北五里形如鐵櫃昔諸葛武侯屯兵處

五花山治西二十里五山排列如花故名

鷹舞山治南五十里每年三月有羣鷹數百翔舞
其上其年鷹多則歲豐上有古刹碑記

遊藍山治東南七十里昔藍真人修煉於此故名

舌壁山治西五十里

三華山治東九十里

鳳凰山治南七十里上有龍泉形如鳳冠

許雄山治南

孩阜山治西

黃草峽治西六十里

分水嶺治南八十里

岷江發源岷山經嘉敘瀘過巴縣合嘉陵江至涪
合黔江至忠萬夔歸出峽

黔江發源黔省之黔州流經沿河司酉陽司龔灘
彭水武隆至涪城東與岷江合流

鐵江河治北一百里流出長壽界

渙溪河治西六十里

飛水洞治西六里

白龍洞治南五十里

望州關治南七里

白雲關治西南七十里上有烏豆禪師遺蹟

横石灘治西後漢岑彭破公孫述將侯丹於黄石

即此俗云二石

銅柱灘涪陵江寰宇記云馬援始欲鑄銅柱於此

又云昔人維舟見底有銅柱又名曰白鶴灘

歆神灘治北相傳漢張桓侯被刺其首流注至此

歆一宿去至今蠅蚋不生後人塑像廟祀之

羣猪灘治東北十里常有江猪噴吼故名又云水

濺如珠名璣珠

百汧灘治東五十里

羅雲溪治東九十里

石鼓溪治西五里

梨鄉溪治西六十里

錦繡洲銅柱灘下水落則見

龍王沱治西二里又名鑑湖

瑞麟橋治西十里

永安橋治西三里

會同橋治北十里

通仙橋治西昔有乘白鶴者過此

八景附

荔圃春風　唐天寶中貴妃取荔枝於此園今已荒廢無存

桂楼秋月　學側明倫堂後有楼高百尺今圮燬

鐵櫃樵歌　高敞軒豁樵歌之聲達入城市

鑑湖漁笛　治西龍王祠下江清如鑑漁舟羣集磯邊弄篴之聲清達

羣猪夜吼　治東北有積石横江洪濤震耳夏間水勢愈盛聲達城市夜聽益徹

白鶴時鳴　治西有石梁横江集鶴無數昔仙子爾珠者常乘鶴至此聲徹九皐

松屏列翠　治北岸山上有蒼松屏列又云北郭外有巨石如屏上有天然松紋如墨汁圖繪今郄未見

黔水澄清　治左岷江右黔江岷水色赤黔水色

碧两水合處赤碧不混秋冬亦然

武隆縣附

龍橋山縣東五十里形如龍下有空洞

鑽天山縣北三十五里

七龜山縣北二里上有七穴

青雲山縣東北五里

石尖山縣北十一里

筆架山縣東二里勢排列如筆架故名

登春山縣北七十里

獅子岩縣北二里

闞灘縣東五里兩山排立中多巨石飛湍激怒聲

震如雷

石床鎮縣西五里

白馬灘一在忠州西一十里一在武隆西三十里

灘石形如白馬故名

通濟橋縣東五十步許

清溪橋縣治五里

古蹟

昔司馬遷適魯觀仲尼廟堂車服禮器低徊不能去適長沙觀屈平所自沉淵未嘗不垂涕想見其爲人信乎故蹟之感人良有以也涪陵蜀之名州其英辟碩輔遊宴覧眺山光水濤傑閣雄臺青塚白楊當不相遠疊遭兵燹毀殘雖荒烟蔓草中而仆碑斷碣尚辨其姓氏則夫勝埸猶在延壽之賦靈光今昔將無同耶作古蹟志

馬援壩治南五里一壩平衍昔馬伏波入五溪住此因名

馬武埡治西五十里漢馬武屯兵處

諸葛亮山治北四里漢諸葛武侯屯兵於此

荔枝園治西三里唐楊貴妃取荔枝於此今燬無

李渡治西三十里昔唐李青蓮過此入夜郎因名

點易洞北岩石壁有洞宋程伊川夫子註易於內

鉤深堂程伊川夫子謫涪時註易於此即普淨院

闗堂黄山谷題其堂曰鉤深宋嘉定間州守范
仲武塑像祀之前牧蕭星拱重修迄今多歷年
所殿宇三楹傾圮無存州牧董維祺于康熙癸
巳菊月捐建仍顏原額敬置伊川夫子木主于
其中俾後人崇奉弗替焉

致遠亭宋嘉定間州守范仲武建亭於點易洞側

碧雲亭治東三里宋州守范仲武建每歲春州守
率僚佐耆老勸農於此

洗墨橋治西五里俗名黄艤沱昔宋黄山谷題咏
於此因名

四賢祠文廟側守道丁公建碑記尚存四賢謂程
頤黄庭堅譙定尹焞後增晁亞夫為五賢

廢樂温縣治西北一百一十里唐初置屬南陵州
後屬涪州

赤甲戍漢末為赤甲兵所聚事見寰宇記

江心石魚州鑑湖上流有石梁上刻雙魚皆三十

六鱗一𥝢芝草一𥝢蓮花旁一秤一斗現則年豐

吳公堂宋大守吳光輔既城南溪其孫信仲仍守是邦臨溪建堂後晏亞夫居此又名晏溪

貢賦

古取民之法因田作供按丁給役近總括爲條編厥制簡易頋立制便民後乃徵徭繁雜實淩吾民以生也涪當幾經兵燹之餘土滿人稀民貧且憊矣當事者念邦本而重甦其困殆庶幾乎作貢賦志

明原額稅糧壹萬伍千柒百肆拾柒石捌斗陸合捌勺三抄

原額人丁壹萬四百柒拾柒丁

夏稅

起運 布政司廣濟庫荒絲米 本庫地畝綿花麥豆價銀各項共徵銀捌拾兩捌分陸厘肆毫壹絲五忽壹微三塵 遇閏加荒絲米銀貳兩玖分壹厘壹毫肆絲陸忽

秋糧

起運 工部料米 加增脚價 加增金價 本

起運　工部料米　加增折價　加增金花

秋糧

玖分壹厘壹毫肆絲陸忽

壹絲五忽壹微三塵　遇閏加荒絲米銀貳兩

麥豆價銀各項共徵銀捌拾兩捌分陸厘肆毫

起運　布政司廣濟庫荒絲米　本庫地畝絲花

夏稅

原額人丁壹萬四百柒拾柒丁

明制分三等

明原額稅糧壹萬伍千柒百肆拾柒石捌斗陸合

志

宜當事者念所本而重輕其因而與庶幾乎作貢賦

以生也治當幾經兵燹之餘土滿人稀民貧且憊

厥制簡易原立制便民後乃徵繁雜實為吾民

古取民之法因田作供按丁給役近總括為條編

貢賦

灆倉米　外加脚價　成都府廣豊倉折色米
篳席銀　黔江廣盈倉折色米
撥運　本府廣濟倉米　永昌庫地畝綿花　貴
州豊濟庫米折艮　外加脚價　石阡府沆州
四國目兵米折艮　成都府廣豊倉本色米
黔江廣盈倉本色米
存留　本州倉米　儒學倉米各項共徵銀玖千
柒百伍拾叁两捌錢陸分玖厘陸毫壹忽捌塵

遇閏加　本州倉米　儒學倉米折銀肆拾捌
两伍錢三分玖厘

戶口

起運　布政司
存留　本州貳項共徵銀貳拾玖两玖錢捌分捌
厘　遇閏加銀肆两五錢叁分

驛傳

起運　布政司

撥運　本府貳項共徵銀貳千叁拾肆两貳錢捌
分捌厘肆毫陸絲玖忽　遇閏加銀壹拾貳两
玖錢肆分壹厘叁毫

丁糧額辦

均徭

起運　布政司甲丁二庫料銀　南京麂皮銀
段實銀　黃蠟價銀　白蠟價銀　黔江千戶
所軍需銀　舉人牌坊銀　進士牌坊銀　并
茶價銀

撥運　本府庫子貳名禁子壹名弓兵貳名工食
銀　修理哨舡銀　加增本府教官馬草銀
代編酉陽司齋夫銀
存留　本州表箋銀　春秋祭祀銀　鄉飲酒禮
銀　歲貢盤費銀　本州柴薪壹拾名馬夫肆
名門子五名弓兵皂隸貳拾貳名禁子捌名工
食銀　應朝水手銀　預備倉斗級倉房紙劄

工食銀　儒學齋夫膳夫門子廟夫工食銀
加增教官馬匹銀　分守道看司壹名　川東
督木二道看司貳名　府舘看司壹名　州門
葛樹河溪李渡火峯石柱凉水等叁十壹鋪鋪
司兵肆拾陸名　李渡黄溪小河口北倍渡夫
柒名等項工食銀　舉人盤纒會試水手貳項
銀　科舉生員盤纒銀各項共徵銀壹千捌百
叁拾壹两捌錢叁分叁厘捌毫玖絲柒忽柒微
陸塵　遇閏各項照例加徵

民壯
撥運　本府民兵貳名
存留　本州操兵貳百貳拾名　民兵壹百陸拾
叁名　刷印裱褙匠貳名　攢造軍民黄冊書
手肆名等項工食銀共徵　銀貳千捌百捌两
遇閏照例加征
夫馬

撥運　分守道燈水夫叁名工食銀

存留　本州應役夫捌拾捌名燈籠夫玖名等項

工食銀　應遞輸船拾隻修船銀　水夫拾名

工食銀　應遞馬貳拾玖匹每匹鞍轡雨具人

夫草料銀各項共徵銀壹千貳百捌拾叁兩肆

錢　遇閏照例加徵、

公費

撥運　本府燈棹衣學舍等銀

存留　本州公費各項共徵銀肆百柒拾五兩五

錢

雜辦課程

鹽課原額征銀壹百柒拾壹兩陸錢肆分玖厘肆

毫

魚課銀壹兩貳分貳厘五毫　遇閏加銀捌分肆

厘玖毫肆絲

魚油翎鰾加增共銀壹拾肆兩叁錢肆分　遇閏

加銀貳兩壹錢玖分五厘　水脚銀壹兩柒錢
貳分捌厘　閏銀貳錢柒分壹厘貳毫肆絲
商稅銀柒兩陸錢五分捌厘　遇閏加銀陸錢叁
分玖厘
李渡商稅銀壹百捌兩　後詳豁免
帶徵重慶衛屯糧內除清查老弱首退月軍扶種
軍田等項外應存官員職田舍人正餘軍田共
屯租糧肆百貳拾柒石肆斗玖升

國朝
起課則例
每糧壹石徵大糧銀柒錢肆分玖厘叁毫貳絲伍
忽肆微伍塵貳纖玖沙壹渺
徵條銀貳錢肆分肆厘壹毫肆絲柒忽玖微玖
塵捌沙肆渺
每糧壹石伍斗叁合捌抄叁撮伍圭玖粒伍粟肆
末載丁壹丁

每丁徵銀貳錢肆分肆厘壹毫肆絲柒忽玖微玖
塵捌沙肆渺
每上田壹畝載糧陸合貳勺
徵糧銀肆厘陸毫肆絲伍忽捌微壹塵柒纖捌
沙壹渺
徵條銀壹厘伍毛壹絲叁忽柒微壹塵柒纖伍
沙肆渺
人丁肆毫壹絲貳忽
徵丁銀壹厘伍忽捌微捌塵玖纖柒沙貳渺

共徵丁糧條銀柒厘壹毫陸絲伍忽肆微貳塵伍
纖柒渺
每中田壹畝載糧伍合叁勺
徵糧銀叁厘玖毫柒絲壹忽肆微貳塵肆纖玖
沙
徵條銀壹厘貳毛玖絲叁忽玖微捌塵肆纖
沙伍渺

人丁叁毫伍絲貳忽

徵丁銀捌毫伍絲玖忽肆微玖沙貳渺

共徵丁糧條銀陸厘壹毛貳絲肆忽捌微壹塵壹

沙柒渺

每下田壹畝載糧肆合肆勺壹抄

徵糧銀叁厘叁毫肆忽伍微貳塵伍纖貳沙

徵條銀壹厘柒絲陸忽陸微玖塵貳纖陸沙

人丁貳毫玖絲叁忽

徵丁銀柒毫壹絲伍忽叁微伍塵叁纖陸沙

共徵丁條糧銀伍厘玖絲陸忽伍微柒塵壹纖

每中地壹畝載糧貳合壹抄貳撮叁圭

徵糧銀壹厘伍毫柒忽捌微陸塵柒纖陸沙

徵條銀肆毫玖絲壹忽貳微玖塵捌纖玖沙

人丁壹毫叁絲叁忽

徵丁銀叁毫貳絲肆忽柒微壹塵陸纖捌沙

共徵丁糧條銀貳厘叁毫貳絲叁忽捌微捌塵叁

沙伍忽

每下地壹畝載糧壹合柒勺貳抄肆撮柒圭

徵糧銀壹厘貳毫玖絲貳忽叁微陸塵壹纖

徵條銀肆毫貳絲壹忽捌微貳塵叁沙玖渺

人丁壹毫壹絲肆忽

徵丁銀貳毫柒絲捌忽叁微貳塵捌纖柒沙

共徵丁糧條銀壹厘玖毫玖絲貳忽伍微壹塵貳

沙玖渺

自康熙六年起至康熙二十五年止知州朱麟禎

任內共清出起科

上中下田地共壹百伍拾貳頃陸拾玖畝陸分伍

厘

共載糧柒拾壹石柒升玖合叁抄肆撮柒圭玖粒

壹粟

人丁肆拾柒丁貳分捌厘壹毫柒絲捌忽

共徵丁糧條銀捌拾貳兩壹錢陸分伍毫玖絲肆

忽捌塵柒纖

康熙貳拾伍年起至康熙三拾年止知州蕭星拱

任內共勸墾

上田壹百貳項捌拾叁畝伍分

載糧陸拾叁石柒斗伍升柒合貳勺

中田陸拾項壹拾貳畝伍分

載糧叁拾壹石捌斗陸升陸合貳勺伍抄

下田叁拾貳項伍拾陸畝

載糧壹拾肆石叁斗伍升捌合玖勺陸抄

中地叁拾壹項貳拾柒畝叁分

載糧陸石貳斗玖升叁合陸抄伍撮柒圭玖粒

下地叁拾壹項陸拾伍畝

載糧伍石肆斗伍升捌合陸勺柒抄伍撮五圭

上中下田地共貳百伍拾捌項肆拾肆畝叁分

載糧壹百貳拾壹石柒斗叁升肆合陸勺伍抄

壹撮貳圭玖粒

徵糧銀玖拾壹兩貳錢壹分捌厘捌毫柒絲貳
忽柒微壹塵叁纖
徵條銀貳拾玖兩柒錢貳分壹厘貳毫柒絲伍
徵貳塵捌纖
人丁捌拾丁玖分捌厘玖毫玖絲肆忽
徵丁銀壹拾玖兩柒錢柒分叁厘伍毫叁絲壹
忽壹微貳塵玖纖
共徵丁糧條銀壹百肆拾兩柒錢壹分叁厘陸毫
柒絲四忽叁微柒塵

康熙叁拾年起至康熙叁拾玖年止知州孟時芬
任內共勸墾
上田貳百玖拾玖項柒拾五畝貳分壹毫
載糧壹百捌拾五石捌斗肆升六合肆勺叁抄
貳撮貳圭
中田伍百壹拾陸項貳拾肆畝玖厘捌毫
載根貳百柒拾叁石陸斗柒合柒勺壹抄四撮

肆圭
下田玖百陸拾陸項捌拾伍畝壹分叁厘壹毫
載糧肆百貳拾柒石叁斗陸升叁合肆勺貳抄
柒撮柒圭壹粒
中地貳百貳拾項肆分玖厘伍毫
載糧肆拾肆石貳斗柒升壹合伍勺玖抄陸撮
捌圭捌粒
下地肆拾陸項伍畝叁分伍釐捌毫

載糧柒拾陸石玖斗叁升捌勺陸抄玖圭肆粒
貳粟
上中下田地共貳千叁百伍拾項玖拾畝叁分壹
厘叁毫
載糧壹千柒石玖斗貳升叁抄陸撮叁圭肆粒
徵糧銀柒百伍拾伍兩貳錢陸分壹毫叁絲柒
忽柒微貳塵柒纖
徵條銀貳百肆拾陸兩捌分壹厘陸毫伍絲壹

忽玖微玖塵玖織
人丁陸百柒拾丁肆分玖厘柒毫捌絲柒忽
徵丁銀壹百陸拾叁两柒錢壹分柒厘捌毫柒
絲壹忽肆微貳塵
共徵丁糧條銀壹千壹百陸拾伍两伍分玖厘陸
毫陸絲玖微伍塵貳織
康熙肆拾壹年起至康熙肆拾叁年止知州徐煩
任內共勸墾

上中下田地共伍拾壹項壹拾肆畝陸分柒厘
載糧貳拾貳石叁斗陸合柒勺肆抄捌撮柒圭
伍粒叁粟
徵糧銀壹拾陸两柒錢壹分伍厘壹毫玖絲捌
微肆塵肆織
徵條銀伍两肆錢肆分陸厘壹毫肆絲柒忽捌
微玖塵
人丁壹拾肆丁捌分肆厘伍毫陸絲伍忽

徵丁銀叄兩陸錢貳分肆厘伍毫叄絲肆忽陸
微貳塵
共徵丁糧條銀貳拾伍兩柒錢捌分陸厘陸毫壹
忽伍微伍塵捌纖
康熙肆拾叄年起至康熙伍拾叄年止知州董維
祺任内共勸墾
上田壹百肆拾項柒畝陸分
載糧玖拾壹石叄斗伍升柒合壹勺貳抄

中田貳百貳拾壹項貳拾壹畝
載糧壹百貳拾陸石柒斗捌升壹合叄勺
下田叄百壹拾貳項伍拾捌畝伍分
載糧壹百肆拾柒石叄斗肆升叄合玖勺伍抄
伍撮
上地壹頃玖拾肆畝
載糧肆斗肆升陸合貳勺
中地捌拾玖頃肆拾壹畝

載糧壹拾柒石玖斗玖升壹合玖勺柒抄肆撮
叁圭
下地玖拾壹頃壹拾畝
載糧壹拾伍石柒斗壹升貳合伍抄柒撮
上中下田地共捌百伍拾陸頃叁拾貳畝壹分
叁圭
載糧肆百肆石壹斗叁升玖合貳勺玖抄陸撮
徵糧銀叁百貳兩捌錢叁分柒釐叁毫伍絲玖

忽柒微捌纖
徵條銀玖拾捌兩陸錢陸分捌釐叁毫叁絲貳
忽伍微陸纖
人丁貳百陸拾陸丁叁分貳釐柒毫玖絲伍忽伍
徵
徵丁銀陸拾伍兩陸錢肆分肆釐捌毫柒絲玖
忽貳微肆塵貳纖
共徵丁糧條銀肆百陸拾陸兩玖錢伍分伍毫柒

絲壹忽肆微伍塵陸纖
新舊勸墾共上中下田地貳千陸百陸拾玖項玖
拾畝玖分捌厘捌毫
共載糧壹千陸百貳拾柒石壹斗柒升叁合柒勺
陸抄捌撮
人丁壹千捌拾叁丁貳分叁厘壹毫貳絲陸忽肆
微
以上共實徵丁糧條銀壹千捌百捌拾兩陸錢柒

分壹厘叁毫貳忽肆微壹塵叁纖
外學租中下田地共陸畝伍分肆厘捌毫
徵納租谷叁石陸斗柒升陸合貳勺
徵租銀壹錢壹分貳厘壹毫
課稅
徵魚課銀壹錢貳厘貳毫伍絲
征魚油翎鰾銀捌錢壹分叁厘玖毫伍絲
康熙伍拾壹年奉文頒發契尾按年徵收田房號

銀儘徵儘觧

常平倉四座

一案為重農積粟等事自康熙貳拾壹年起至叄拾肆年止勸官紳士民共捐倉斗穀陸百玖拾捌石叄斗壹升伍合

一案為欽奉

上諭事自康熙叄拾壹年起至叄拾肆年止各官紳士民共捐倉斗穀叄拾捌石叄斗

一案為積貯天下本計等事行令各省各官加級俊秀捐納監生每名納穀肆百石共捐監生捌名自康熙貳拾玖年起至叄拾肆年止共捐倉斗穀叄千肆百肆拾石

以上叄案內共捐貯倉斗穀肆千壹百柒拾陸石陸斗壹升伍合

武隆縣歸併州治

明原額稅糧捌百壹拾陸石陸斗叄升叄合捌勺

陸抄捌撮肆圭

原額人丁捌百叄拾壹丁

秋糧

起運　工部料米　荒絲價銀　物料米脚價

撥運　本府永昌庫地畝綿花

存留　本縣倉米　儒學倉米各項共徵銀肆百

玖拾陸兩貳分叄厘貳毫肆絲陸忽叄微捌塵

遇閏加儒學倉米銀壹拾捌兩貳分伍厘

戶口

起運　布政司

存留　本縣貳項共征銀捌兩叄錢　遇閏加起

運銀陸錢陸分玖厘壹毫陸絲柒忽

驛傳

撥運　本府協濟東溪安穩貳驛夫馬銀肆兩貳

分柒厘貳毫　遇閏加銀叄錢捌分貳厘捌毫

丁糧額辦

均徭

起運　布政司殿實銀　黃蠟價銀　白蠟價銀

芽茶價銀

存留　本縣春秋祭祀　鄉飲酒禮　歲貢盤纏

本縣柴薪　應朝水手　本縣門子叁名

皂隸壹拾肆名庫子壹名禁子肆名等項工食

銀　預備倉斗級倉吏紙劄工食銀　儒學門

子庫廟夫齋夫工食銀　教官馬匹銀　分司

看司壹名　縣門旋風能儞虎落泳臺界頭停惠

牛蹄等舖司兵壹拾柒名工食銀各項共徵銀

肆百伍拾陸兩伍錢肆厘捌毫

民壯

存留　本縣民壯伍拾名　刷印裱褙匠貳名共

徵銀叁百陸拾柒兩貳錢

夫馬

存留　本縣應役夫叁拾名　燈籠夫叁名　紅

船水手肆名等項工食銀　修船銀　應遞馬
捌匹每匹鞍轡雨具草料銀各項共徵銀叁百
壹兩柒錢捌分
公費
撥運　分守道油燭等銀　本府表箋等銀　巴
縣幫貼募夫銀
存留　本縣公費各項共徵銀壹百貳拾兩伍錢
柒分

雜辦課程
塩課銀肆拾叁兩捌錢下均徵銀內徵解
商稅銀捌錢壹分伍厘　遇閏加銀陸分叁厘玖
毫貳絲
茅茶銀肆拾叁兩肆錢柒分
國朝
起科達例
每糧壹石徵糧銀陸錢貳分貳厘壹毫陸絲肆忽

浮糧壹石徵糧銀陸錢貳分貳厘壹毫陸絲肆忽

此科定例

國朝

芽茶銀肆拾叁兩肆錢柒分

毫貳絲

商稅銀捌錢壹分伍厘　遇閏加銀陸分叁厘玖

鹽課銀肆拾叁兩捌錢下坊徑鎮內徵解

雜辦課程

米分

存留　本縣公費各項共徵銀壹百貳拾兩伍錢

縣請賠募夫銀

起運　分守道油燭等銀　本府表箋等銀　巳

公費

壹兩柒錢捌分

捌匠每匠辦藥雨具草料銀各項共徵銀叁百

船水手肆名等項工食銀　修船銀　應運厘

貳微玖塵叁纖伍沙

徵條銀柒錢陸分陸厘伍毫捌絲柒忽伍塵捌

纖壹沙

每糧玖斗捌升貳合柒勺壹抄貳撮貳圭叁粒陸

粟叁黍載丁壹丁

每丁徵銀柒錢陸分陸厘伍毫捌絲柒忽伍塵捌

纖壹沙

每上田壹畝載糧柒合肆勺陸抄

徵糧銀肆厘陸毫肆絲壹忽叁微肆塵伍纖

徵條銀伍厘柒毫壹絲捌忽柒微叁塵玖纖

人丁柒毫伍絲玖忽

徵丁銀伍厘捌毫壹絲玖忽壹微陸塵貳纖

共徵丁糧條銀壹分陸厘壹毫柒絲玖忽貳微肆

塵陸纖

每中田壹畝載糧陸合伍勺貳抄捌撮貳圭

徵糧銀肆厘陸絲壹忽陸微壹塵叁纖

徵條銀伍厘肆忽肆微叁塵叁纖
人丁陸毫陸絲肆忽
徵丁銀伍厘玖絲壹微肆塵捌纖
共徵丁糧條銀壹分肆厘壹毫伍絲陸忽壹微玖
塵肆纖
每下田壹畝載糧伍合伍勺玖抄陸撮壹圭
徵糧銀叁厘肆毫捌絲壹忽陸微玖塵叁纖
徵條銀肆厘貳毫捌絲玖忽玖微陸塵肆纖

人丁伍毫陸絲玖忽
徵丁銀肆厘叁毫陸絲壹忽捌微捌塵
共徵丁糧條銀壹分貳厘壹毫叁絲叁忽伍微叁
塵柒纖
每上地壹畝載糧貳合叁勺
徵糧銀壹厘肆毫叁絲玖微柒塵捌纖
徵條銀壹厘柒毫陸絲叁忽壹微伍塵
人丁貳毫叁絲肆忽

徵丁銀壹厘柒毫玖絲叁忽捌微壹塵肆纖

共徵丁糧條銀肆厘玖毫捌絲柒忽玖微肆塵貳纖

每中地壹畝載糧貳合壹抄貳撮叁圭

徵糧銀壹厘貳毫伍絲壹忽玖微捌塵壹纖

徵條銀壹厘伍毫肆絲貳忽陸塵叁纖

人丁貳毫伍忽

徵丁銀壹厘伍毫柒絲壹忽伍微叁纖

共徵丁糧條銀肆厘叁毫陸絲陸忽捌塵柒纖

每下地壹畝載糧壹合柒勺貳抄肆撮柒圭

徵糧銀壹釐柒絲叁忽肆塵柒纖

徵條銀壹厘叁毫貳絲貳忽壹微叁塵貳纖

人丁壹毫柒絲伍忽

徵丁銀壹厘叁毫肆絲壹忽伍微貳塵柒纖

共徵丁糧條銀叁厘柒毫叁絲陸忽柒微陸纖

康熙六年起至二十五年止知州朱麟禎清出起

科
上中下田地共肆項玖畝肆分玖厘
載糧貳石叁合捌勺壹抄玖撮三圭肆粒玖粟
人丁貳丁叁厘玖毫玖忽
共徵丁糧條銀肆兩叁錢肆分伍厘玖毫柒絲肆
忽陸微捌纖
康熙貳拾伍年起至叁拾年止知州蕭星拱共勸
墾

上中下田地共肆項捌拾柒畝伍分
載糧貳石伍斗柒合肆勺陸抄捌撮玖圭捌粒
人丁貳丁伍分伍厘壹毫伍絲捌忽
共徵丁糧條銀伍兩肆錢叁分捌厘貳毫伍系玖
忽壹微叁塵玖纖
康熙叁拾年起至叁拾玖年止知州孟時芬共勸
墾
上中下田地共捌拾肆項捌拾肆畝玖分捌[illegible]

載糧肆拾叁石捌斗玖升壹抄玖撮壹圭叁粒
玖粟
人丁肆拾肆丁肆分玖厘叁毫肆絲陸忽
共徵丁糧條銀玖拾伍兩貳錢叁分柒厘捌忽壹
塵貳纖
康熙肆拾壹年起至肆拾叁年止知州徐煥共勸
墾

中下田地共捌頃柒拾柒畝
載糧叁石伍斗柒升貳合叁勺柒抄壹撮叁圭
柒粒
徵糧銀貳兩貳錢貳分貳厘陸毫壹忽玖微玖
纖
徵條銀貳兩柒錢叁分捌厘伍毫叁絲叁忽陸
微伍塵玖纖
人丁叁丁陸分叁厘伍毫貳絲肆忽
徵丁銀貳兩柒錢捌分陸厘柒毫貳絲肆忽柒

微叁塵壹纖
共徵丁糧條銀柒兩柒錢肆分柒厘捌毫肆絲伍
微壹塵壹纖
康熙肆拾叁年起至伍拾叁年止知州董維祺共
勸墾
上田貳頃肆拾玖畝
載糧壹石捌斗伍升柒合伍勺肆抄
中田伍頃叁畝

載糧肆石壹斗捌升肆合陸勺捌抄叁撮陸圭
下田柒頃陸拾肆畝
載糧肆石貳斗捌升肆合肆勺貳抄肆圭
上地貳拾玖畝
載糧陸升陸合柒勺
中地捌拾壹畝
載糧柒升肆勺叁抄陸圭
下地壹頃貳畝

載糧壹斗柒升伍合玖勺壹抄玖撮肆圭

上中下田地共壹拾捌頃拾捌畝

載糧玖石捌斗貳升貳合貳勺陸抄柒圭

徵糧銀陸兩壹錢壹分壹厘伍絲玖忽捌微捌

塵玖纖

徵條銀柒兩伍錢貳分玖厘陸毫壹絲伍忽玖

微叁塵貳纖

人丁柒丁玖分玖厘伍毫肆忽

徵丁銀柒兩陸錢陸分貳厘陸絲捌忽貳微叁

纖

共徵丁糧條銀貳拾壹兩叁錢貳厘柒毫肆絲肆

忽貳塵肆纖

新舊勸墾共上中下田地壹百貳拾頃柒拾柒畝

肆分貳厘

載糧陸拾壹石柒斗玖升陸合叁抄伍撮貳圭

人丁陸拾丁柒分壹厘肆毫叁絲柒忽

以上共實徵丁糧條銀壹百叄拾肆兩柒分壹厘

捌毫貳絲陸忽叄微玖纖

風俗

先進非野純儉可從顧土風諟俗爲輶軒所必採者務期一道同風之盛也涪之先如劉氏之忠烈文氏之孝友皆出其地是亦禮義之區也自兵燹之餘俗不逅古或亦教化有未及耶轉移倡導之功誠良牧之責也作風俗志

俗有夏巴蠻夔山峻水險健訟好巫其間忠樸聰穎之士固多而機變猾巧者亦不少大抵良楛並存亦造化自然之理也

涪地多山石林木諺云七分石頭三分土是也土薄而瘠故居民皆貧三冬止服单衣不衣綿者甚衆昔人有詩云地煖冬無雪人貧歲不綿是其驗也

涪俗舊多節孝之婦凡有石坊所在俱是旌表節孝者城市鄉村皆有之即今民間守節者亦不少此涪俗之美也

是月獲稻

中秋夜士民設香燭供月餅鳴金鼓以達旦日賞

中秋

九月九日士民佩茱萸食米糕飲菊酒登高

是月穫晚稻刈菽粟麻蕎

十月朔日州守祭厲壇士民以香醴祀其祖考

是月刈穫告成登場廩或露積隴上農事畢放牛
於山野

是月種麥

十一月剪茅覆屋

十二月八日雜果蔬辛物入米同煑糜曰臘八粥

二十四日祀灶用糖餅菓食

除夕揷松栢枝以辟邪夜圍爐坐謂之守歲

除夕前家治果餅相送遺曰餽歲

除夕日換桃符放爆竹以祓除不祥列戶掛五色
綵錢揷楮錢於先人之墓設牲醴以祀祖考治

郴滙家安少者[illegible]長日辭歲仍治椒
酒貯瓶中掛於井戶侵元旦拜年畢即出門往
井內提回家中從卑幼先飲起以至尊長取不
空回源源之意云

物産附

穀類
稻 秫 黄荳 菉豆 脂蔴

果類
桃 李 梅 黄柑 栗 梨 枇杷 橘

木類
松 栢 槐 栁 黄葛 慈竹 苦竹 水
竹

花卉類
芍藥 蘭 海棠 芙蓉 桂 紫薇 梅
葵 桃 李 梨 月季 梔子 美人蕉
仙人掌

蔬類

黃瓜 扁豆 韭 葱 蒜 苘蒿 馬齒莧

蘿蔔 笋 木耳 茄 芹 南瓜 系瓜

藥物類

益母草 夏枯草 金銀花 紫蘇 車前子

艾 薄荷 金櫻子 苦楝子 香附子

畜類

牛 馬 驢 羊 豕 犬 雞 鴨 鵞

禽類

雉 鵲 鴿 鴉 慈烏 杜鵑 白鷳 鷓

鴣 鷺 鴉鵲

獸類

虎 豹 麂 鹿 獐 九節貍

水族類

鯉魚 青魚 鯿魚 白甲魚 鱔

重慶府涪州志卷之二終